Manuel de Falla
El Sombrero de Tres Picos
for Guitar solo

Arranged by
Takashi Kitabayashi

ギターソロのための
ファリャ／三角帽子

北林 隆 編曲

GG562

（株）現代ギター社

GENDAI GUITAR CO.,LTD.
1-16-14 Chihaya, Toshima-ku, Tokyo, Japan

編曲にあたって／Preface

　スペイン最大の作曲家マヌエル・デ・ファリャ（1876-1946）。"光と影"に代表されるスペインが持っている相反する二面性、この対立する概念の各々が投影している情感が何の違和感もなく同居している特異性。外向的なものと内向的なもの、激しい情念の燃焼と禁欲的な求道者精神、このスペイン独特の人間性、感性を最も表現しているのがファリャであり、スペイン民族音楽の代表者と言われる所以ではないだろうか。

　この魅力的なファリャの音楽が、なぜもっとギターで弾かれないのであろうか。確かにギターのために書かれた曲は〈ドビュッシーの墓碑銘に捧げる讃歌〉1曲だけであるが、スペインの曲の中で、最もよく弾かれるアルベニスにしてもグラナドスにしても、ギターのためのオリジナルは1曲もないのである。

　私は、なんとかファリャという作曲家の多種多様な情感をギターソロで表現出来ないかと思い、以前、ギター組曲『恋は魔術師』（GG427）を編曲し、現代ギター社より出版させていただいた。今回編曲した『三角帽子』の4曲は、よりギター的であり、ギターソロで弾きやすく表現しやすい。

　一番ギター的と思われるのは、フラメンコギターのラスゲアード（かき鳴らす）のイメージが随所に使われ、また、そのラスゲアードを使用してスペインの民族音楽とも言えるフラメンコのリズム、ファンダンゴやファルッカ等がベースとなって作曲されていることにある。ファリャの中にあったであろうギターの響きを、彼がオーケストラへ移し変えていった作業とは逆に、今回私は、それを元のギターへと戻すように心がけて編曲してみた。

　このバレエ音楽『三角帽子』のストーリーはたわいのないもので、美しい粉屋の女房に一目惚れしたドジな代官が、権威の象徴である「三角帽子」を被り、あの手この手で関係を迫るが、彼女に巧みにかわされ、代官は大恥をかいてしまう、というもの。

　〈粉屋の踊り〉は、以前よりギターでもたびたび弾かれているが、今回ギターソロでも演奏可能と思われる4曲を選んで編曲してみた。ちなみに、1919年のバレエ初演時の指揮はエルネスト・アンセルメ、舞台や衣装のデザインを手がけたのは、後に大変有名になったあの画家、当時38歳の若きパブロ・ピカソであった。

　最後になって恐縮ですが、今回の出版にあたって、現代ギター社の倉田一秀社長をはじめ、同社スタッフの皆様、特に渡辺弘文編集長には何度もメールで打ち合わせをさせていただき、本当にお世話になりました。この場を借りて厚く皆様に感謝の意を表したいと思います。

2015年1月 北林 隆

編曲者プロフィール／Profile

北林 隆 Takashi Kitabayashi

1950年札幌生まれ。
幼少より相対性理論のアインシュタインにあこがれ大学で原子物理学を学びつつ、ギターを両親に学び、14歳より大塚房喜、後に小原安正に師事。
1977年スペインに留学、ホセ・ルイス・ゴンサレスに師事するかたわら、スペイン各地で、コンサート、テレビ、ラジオに出演。
1979年帰国後、東京における数多くのリサイタルをはじめ、全国各地で活発な演奏活動を行なう一方、1983年年には、ほぼ1ヵ月ごとに毎回異なったテーマに挑む4回のシリーズ・コンサートをこなす。
心動かされるスペイン音楽を中心としつつも、ジャンルにとらわれない斬新なコンサートを心がけ、フラメンコギター、エレキギター、チェンバロ、モダンバレエ、声楽、電子オルガン等との共演をはじめ、キース・ジャレットの作品や、ストラヴィンスキー《春の祭典》等に挑んできたが、指の故障で演奏活動を停止。
ギターという楽器の魔力にとりつかれ、再びステージに立つことを夢見て試行錯誤の結果、1998年、実に14年ぶりに東京でリサイタルを行ない復活を果たし、演奏活動を再開する。
仏像彫刻から、カメラ、生体学、スキー、日本古代史などに魅かれ、最近では特に料理、スノーボードにはまっている。
現在札幌在住。

曲目解説／Explanation（北林 隆）

代官の踊り

　ドジで間抜けな女好きの代官の踊り。人目を気にする情けない優男風として作曲されているが、ギターでは綺麗になりすぎて間抜けな雰囲気が出づらいので、あえて荒々しい親爺のイメージで編曲してみた。この曲はスペインの民俗音楽を使っているわけではないが、バロック時代、イベリア半島を中心に活躍したイタリアの作曲家、ドメニコ・スカルラッティ風、いや、まさに、これはスカルラッティというくらい作風は似ている。昔の村の代官を連想させるために、あえてスカルラッティ風に作曲したのであろうか。バレエの順番としては〈粉屋の踊り〉の後なのだが、演奏効果を考え、この曲を最初に持ってきた。

粉屋の女房の踊り

　今回、最も編曲したかった曲で、粉屋が粋がって踊る〈粉屋の踊り〉に比べ、代官が横恋慕した良い女、粉屋の女房が魅力たっぷりに踊る曲。この曲のリズムは、スペインを代表するファンダンゴで書かれていて、このリズムは世界の多くの作曲家を魅了し、あの有名なラベルの〈ボレロ〉も全編にわたりファンダンゴが使われている。

隣人の踊り

　村の夕暮れ時、この家から一人、あちらの家から一人……と人々が集まり、そのうち輪になって一緒に踊り出し、盛り上がったところで日も暮れて、それぞれ帰っていく、という情景を表した〈隣人の踊り〉。スペイン音楽を最も感じさせるフリギア旋法（ミを始点にした音階）や2拍子と3拍子が交差するリズム等、スペイン音楽の要素を多く取り入れている。

粉屋の踊り

　あの女っぷりの良い女のまさしく"俺が亭主だ"と粋がって、周りに集まった人達に、男の魅力を存分にアピールする〈粉屋の踊り〉。ファリャの中では最もポピュラーな1曲で、早くから編曲され、多くのギタリストによって演奏されてきた。この曲のリズムもスペイン民俗音楽のファルッカで書かれている。

マヌエル・デ・ファリャについて

　マヌエル・デ・ファリャ（1876-1946）はスペイン音楽史を代表する作曲家である。彼の作品においては、しばしばギター的な書法が採り入れられているが、中でも彼がミゲル・リョベートのために書いた〈ドビュッシーの墓碑銘に捧げる讃歌〉（1920）は、非ギタリストである著名作曲家が手掛けた最初のギターソロ曲として、近代ギター音楽史における記念碑的意味合いを持つ重要な作品となっている。

　マヌエル・デ・ファリャは、スペイン南部アンダルシア地方の都市カディスにおいて、1876年11月23日、父ホセ・マリア・ファリャと母マリア・ヘスス・マテウの第一子として誕生した。幼少時より母からピアノの手ほどきを受け、身近な音楽家達からの指導も受けたという。

　1896年、ファリャ20歳の時にマドリッドへと移住し、ピアノをホセ・トラゴー、作曲をスペイン民族楽派の祖と言われるフェリッペ・ペドレルに師事することとなり、本格的な音楽の勉強を開始した。

　ファリャは当初、サルスエラ（スペイン風オペレッタ）を幾編か手掛けるが、より本格的な国民的オペラの創作を目指し、1905年に2幕もののオペラ『はかなき人生』を完成させた。この作品は、同年王立アカデミーの歌劇賞で首席を獲得し、彼の出世作となった（舞台での初演は1913年にパリで行なわれた）。この時ファリャはピアノ演奏部門でも首席を得ており、ピアニスト兼作曲家として輝かしいスタートを切った。

　1907年からパリに留学したファリャは、ドビュッシー、デュカスらと親交を結ぶ。同じ時期には、スペイン出身のアルベニス、ビーニャス、トゥリーナらも同地に滞在中であった。パリでファリャは近代音楽の技法を学び、当時最盛期を迎え

パリ留学時代のファリャ

ていた印象派音楽の洗礼を受けるが、後にそれをスペインの民族音楽と融合させ、ファリャ独自の個性的な作品群を世に送り出すこととなる。

　1914年、第一次世界大戦の勃発に伴い、ファリャは7年間のパリ留学を終えマドリッドへと帰還するが、パリで構想を温めていた『7つのスペイン民謡』、ピアノと管弦楽のための交響的印象『スペインの夜の庭』を次々に完成させ、続いてバレエ音楽『恋は魔術師』、『三角帽子』を産み出す。それらはスペイン、特にアンダルシア地方の民族音楽をベースに、

色彩豊かな近代的管弦楽書法に彩られた、まさにファリャならではの傑作群であった。そして、この時点で彼はフランス印象主義に別れを告げ、スペイン民族音楽へと傾倒していく。

1920年にグラナダへ移住したファリャは、詩人ガルシア・ロルカと親交を深め、1922年には故郷アンダルシアに伝わる古謡カンテ・ホンドのコンクール形式のフェスティバルを主催するが、作風は当時の新古典主義を反映し、より20世紀的なものへと脱皮を遂げた。ミゲル・リョベート、アンヘル・バリオス、アンドレス・セゴビアなどのギタリスト達と邂逅したのもこの頃で、冒頭に述べた〈ドビュッシー讃歌〉が書かれている。

その後、次第に健康を損なっていったファリャは、1936～39年のスペイン市民戦争ですっかり気力も失せ、ついに故国を離れアルゼンチンのブエノスアイレスに移住する。移住後も音楽活動は続けたものの、さらに病は進行し、最晩年には同国の保養地アルタ・グラシアに籠って、グラナダ時代から取り掛かっていたカンタータ『アトランティダ』を完成させる作業に没頭したが、結局この作品を完成させることの出来ないまま、1946年11月14日にこの世を去った。満70歳の誕生日まであと9日であった。

バレエ音楽『三角帽子』について

20世紀初頭に活躍したロシアの芸術プロデューサー、セルゲイ・ディアギレフ（1872-1929）が率いたロシア・バレエ団は、1916～17年にかけてマドリッドを中心に活動していた。ディアギレフは1916年に初演されたファリャの〈スペインの庭の夜〉に興味を示し、この作品をバレエ用に改編するよう依頼する。しかし、ファリャはその話に乗り気ではなく、代わりに、当時構想を練っていたパントマイム用作品を提供することをディアギレフに約束。こうして作曲されたのが、パントマイムのための『代官と水車小屋の女房』である。この作品はスペインの小説家ペドロ・アントニオ・デ・アラルコン（1833-91）が伝承歌謡に基づき創作した短編小説『三角帽子』をベースとしていた。

ディアギレフは振付にレオニード・マシーン（1896-1979）、舞台装置と衣装デザインにパブロ・ピカソ（1881-1973）という当代一流の芸術家を起用、そして1917年4月にマドリッドのエスラバ劇場で、ホアキン・トゥリーナの指揮により『代官と水車小屋の女房』は初演された。だが、評論家からの受けは良かったものの、初演に立ち会ったディアギレフはその出来に満足せず、さらなる改作をファリャに求めたのである。

ファルーカ、ホタ、ファンタンゴ等の民俗舞曲をもっと大胆に採り入れるようにとのディアギレフの助言を容れたファリャは、元は小編成であったオーケストラを大編成に組み直し、新たに〈序奏〉や〈粉屋の踊り〉を書き加える等、大幅な曲の追加やカットを行ない推敲を重ねる。アラルコンの原作に準じて『三角帽子』と改題されたこの作品は、1919年7月にロンドンで初演されることとなった。

6月半ばにロンドンに向かったファリャはぎりぎりまで推敲作業を続けるが、初演の数時間前になって、彼の下へ母マリア・ヘスス危篤の知らせが届く。それを受けすぐにスペインへと帰国したファリャであったが、マドリッドに到着した時、愛する母は既にこの世の人ではなかった。

母の命日である1919年7月22日に、全2幕から成るバレエ作品『三角帽子』は、ロンドン・アランブラ劇場においてエルネスト・アンセルメの指揮により初演された。振付と粉屋役はマシーン、舞台装置と美術はピカソが担当した。初演は成功を収めロンドンの観客から大絶賛を浴びる。この舞台作品の成功によって、ファリャはディアギレフやピカソに伍する国際的な芸術家としての地位と名誉を確立したのである。

本作品の管弦楽編成は、ピッコロ、フルート2、オーボエ2、イングリッシュホルン、クラリネット2、ファゴット2、ホルン4、トランペット3、トロンボーン3、チューバ、弦楽5部、ティンパニ、打楽器奏者5人、ピアノ、チェレスタ、ハープ、オフステージでのメゾソプラノ独唱。1921年に、『恋は魔術師』等と共にイギリスのチェスターミュージックから出版された。

タイトルの『三角帽子』は、三つ角のある帽子、すなわち権威のシンボルを意味している。「三角帽子を被って威張り散らしている代官が、美しい粉屋の女房を見つけ横恋慕する。代官は様々な作戦を練って粉屋の女房の気を引こうとするが、思惑どおりにはいかず予想外の経緯でさんざんな目にあって逃げ出す」というストーリーに沿って、作品は以下の部分に分かれて進行し大団円を迎える。

　序奏
　第1幕
　　午後
　　粉屋の女房の踊り（ファンダンゴ）
　　ぶどう
　第2幕
　　隣人の踊り（セギディーリャ）
　　粉屋の踊り（ファルーカ）
　　代官の踊り
　　終幕の踊り（ホタ）

『代官と水車小屋の女房』初演時の一幕（1917年4月）

目次／Contents

三角帽子（マヌエル・デ・ファリャ／北林 隆 編曲）
El Sombrero de Tres Picos ／ El SabioManuel de Falla ～ Takashi Kitabayashi

代官の踊り ———— 6
Danza del Corregidor

粉屋の女房の踊り ———— 10
Danza de la Molinera

隣人の踊り ———— 18
Danza de los Vecinos

粉屋の踊り ———— 24
Danza del Molinero

El Sombrero de Tres Picos
『三角帽子』より

Danza del Corregidor
代官の踊り

Manuel de Falla
Arr. by Takashi Kitabayashi

Danza de la Molinera

粉屋の女房の踊り

Allegro ma non troppo
(Fandango)

Manuel de Falla
Arr. by Takashi Kitabayashi

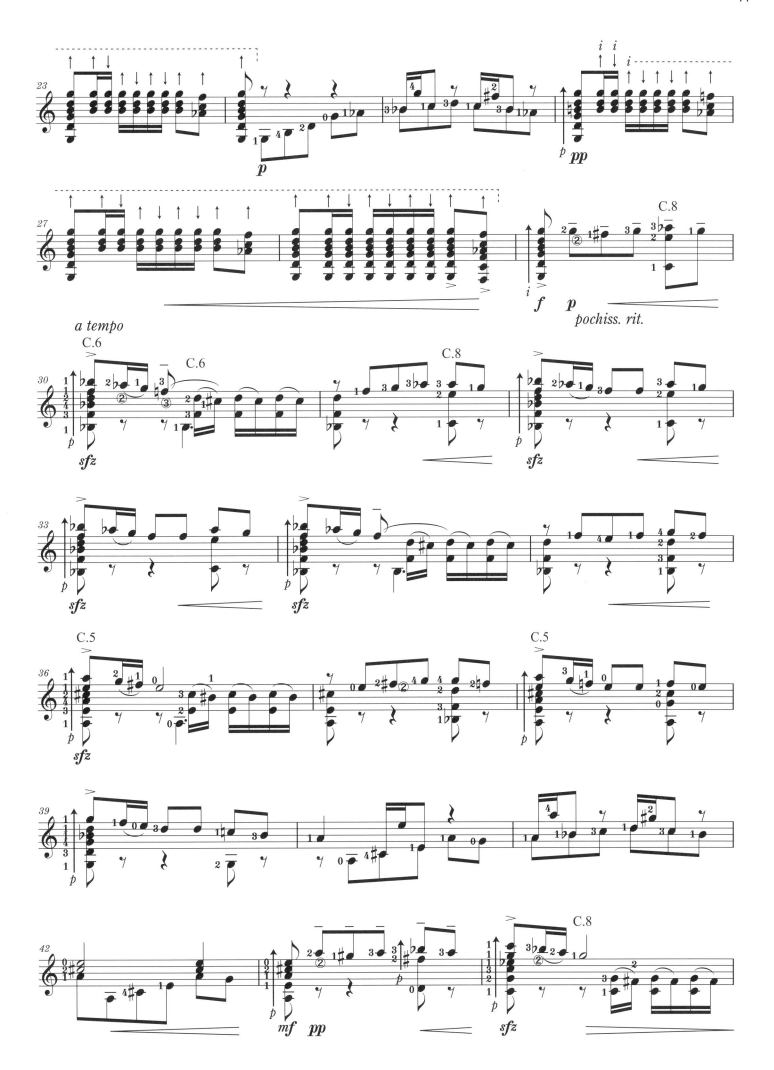

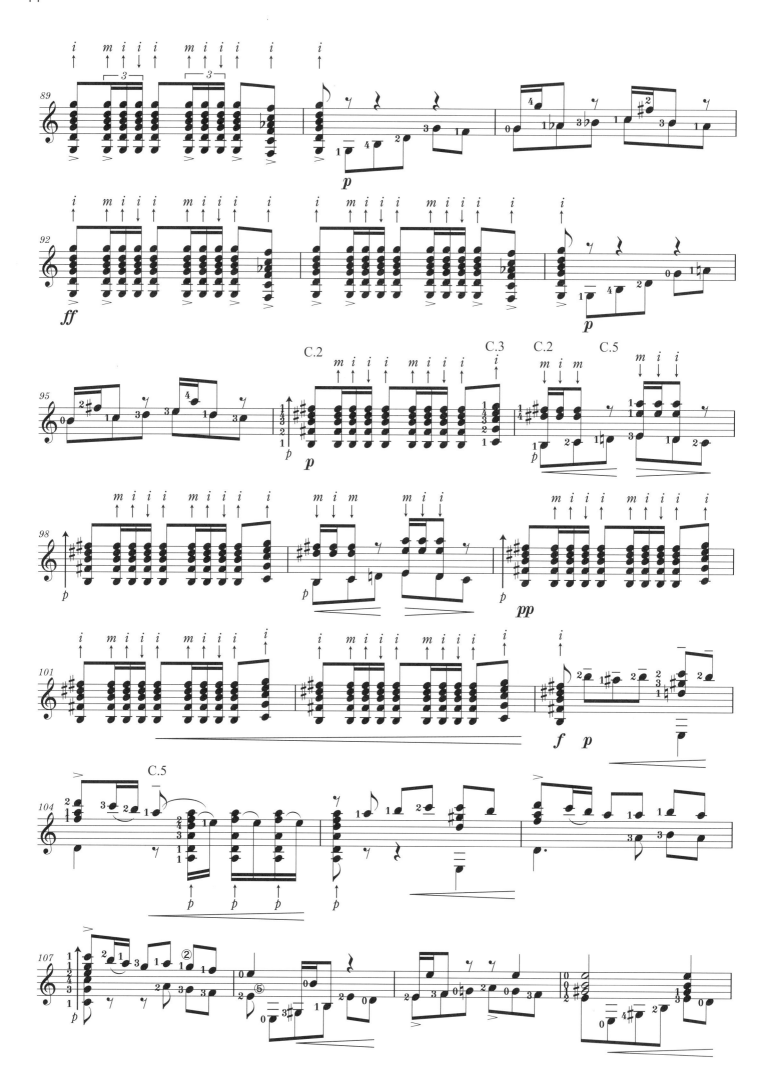

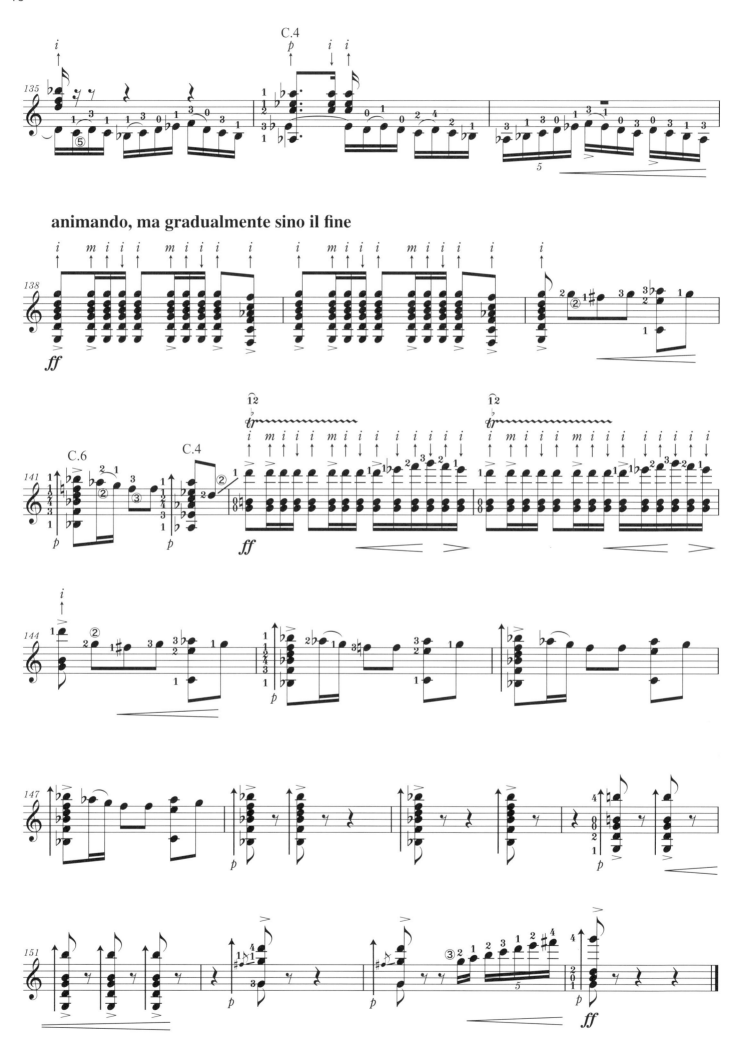

animando, ma gradualmente sino il fine

晩年のファリャ

Danza de los Vecinos
隣人の踊り

Manuel de Falla
Arr. by Takashi Kitabayashi

Allegro ma non troppo
(Seguidillas)

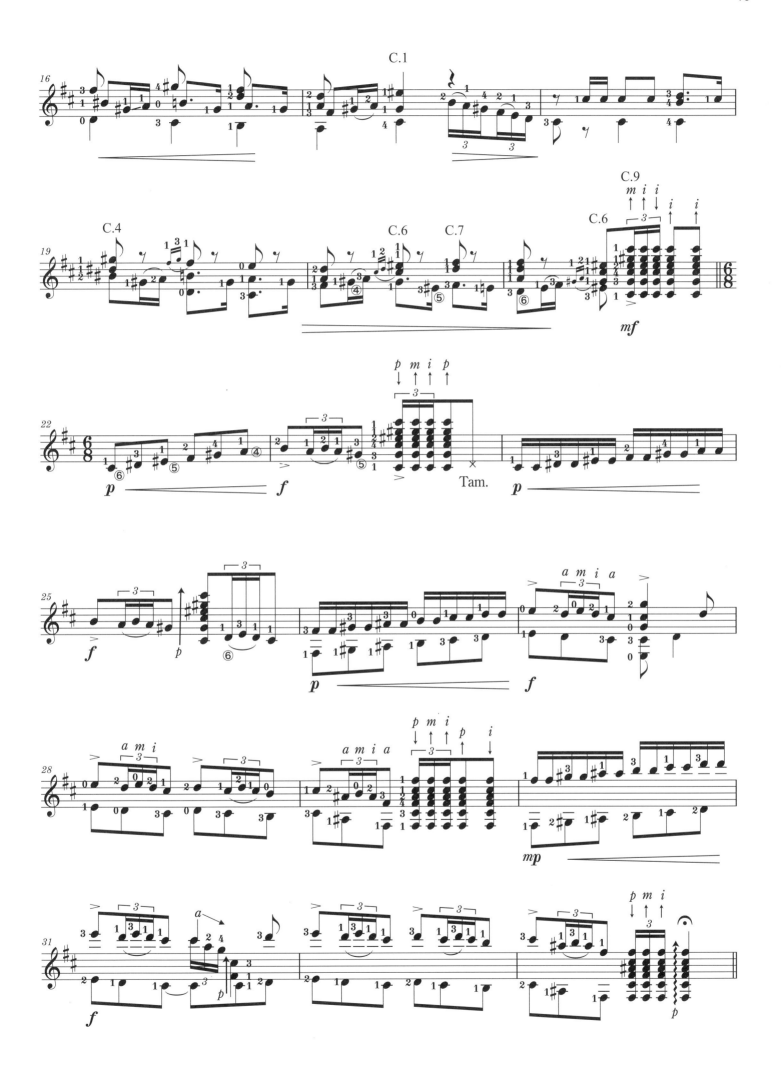

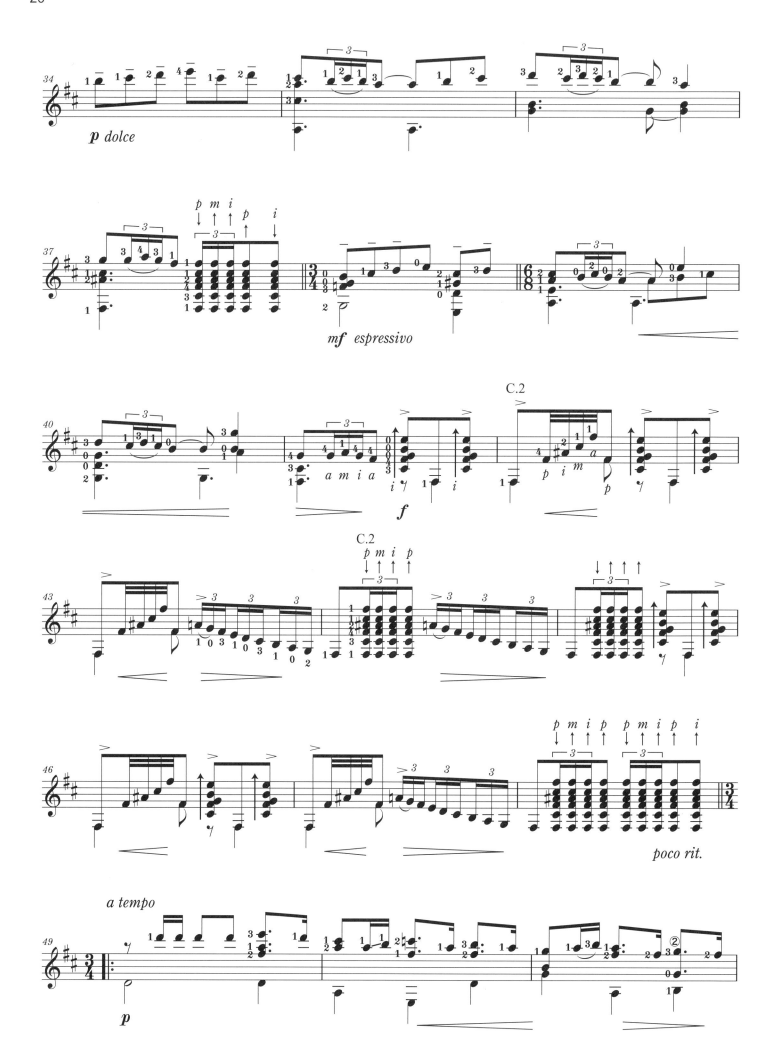

ピアノを弾くファリャ

Danza del Molinero
粉屋の踊り

Manuel de Falla
Arr. by Takashi Kitabayashi

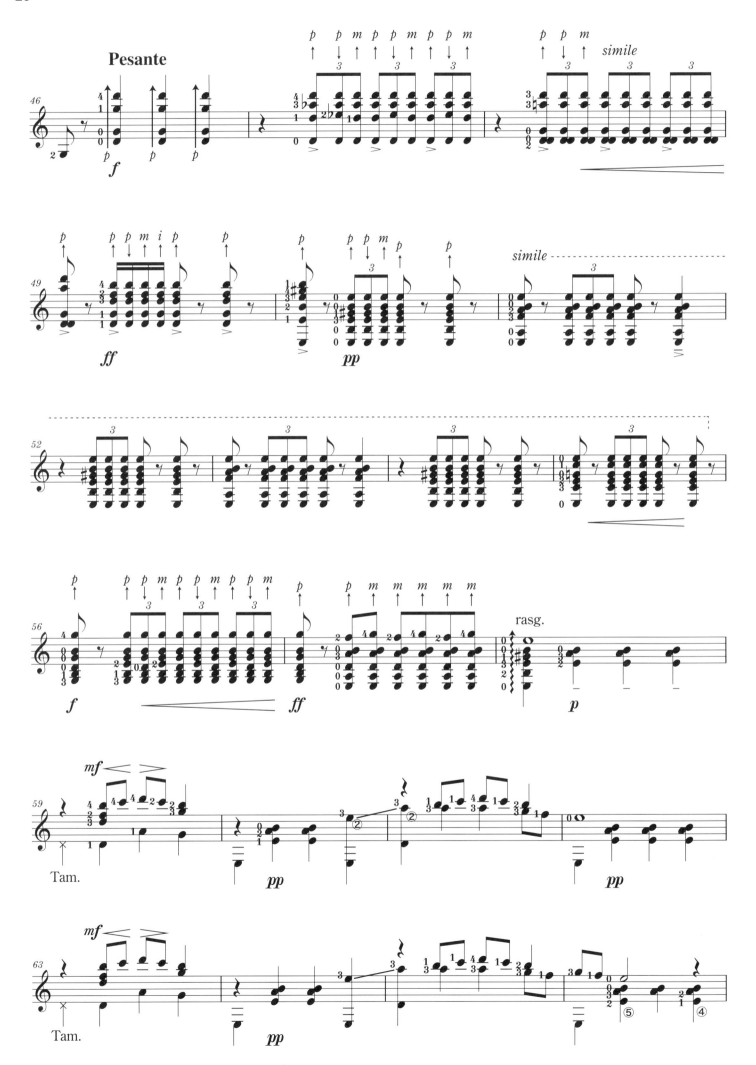

Pochissimo più mosso, ma ritmico

Più animato

Ancola più vivo, ma in tempo

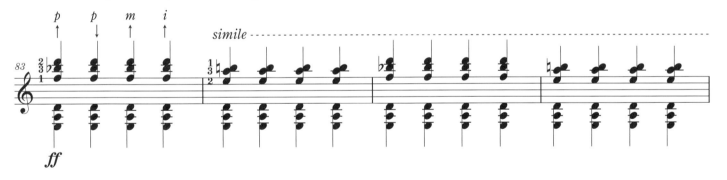

Ossia:

現代ギター社の出版物

ファリャ／ギター組曲『恋は魔術師』（北林 隆 編曲）

スペインを代表する作曲家マヌエル・デ・ファリャの名曲『恋は魔術師』をギターで！ ギタリスト北林 隆が、原曲（オーケストラ）が持つギター的な響きを効果的にアレンジ。全13曲中10曲を選び"ギター組曲"として再構成した。〈火祭りの踊り〉〈魔法の輪〉〈きつね火の歌〉など、名曲の数々をギターソロで！

【収載曲】
序奏と情景／洞窟の中で〜夜／悩ましい愛の歌／情景／きつね火の歌／パントマイム／恐怖の踊り／魔法の輪／真夜中／火祭りの踊り

GG427
菊倍判 40頁
定価（本体2,000円＋税）

ギターソロのための
ファリャ／三角帽子

北林 隆 編曲
GG562
定価 [本体1,800円＋税]

Manuel de Falla
El Sombrero de Tres Picos
for Guitar solo
Arranged by Takashi Kitabayashi

2015年2月25日初版発行

発行元 ● 株式会社 現代ギター社
〒171-0044 東京都豊島区千早1-16-14
TEL03-3530-5423　FAX03-3530-5405　http://www.gendaiguitar.com/

印刷・製本 ● 藤原印刷 株式会社
楽譜浄書 ● オフィス・ノリフク
カバー・装丁 ● マンサーナ
コード番号 ● ISBN 978-4-87471-562-8　C3073　￥1800E

© Gendai Guitar Co., Ltd.
1-16-14 Chihaya, Toshima-ku, Tokyo 171-0044, JAPAN
http://www.gendaiguitar.com
1st edition : February 25th, 2015
Printed in Japan

楽譜や歌詞・音楽書などの出版物を権利者に無断で複製〈コピー〉することは、著作権の侵害（私的利用など特別な場合を除く）にあたり、著作権法により罰せられます。
また、出版物からの不法なコピーが行なわれますと、出版社は正常な出版活動が困難となり、ついには皆様方が必要とされるものも出版できなくなります。
音楽出版社と日本音楽著作権協会（JASRAC）は、著作者の権利を守り、なおいっそう優れた作品の出版普及に全力をあげて努力してまいります。どうか不法コピーの防止に、皆様方のご協力をお願い申し上げます。

(株)現代ギター社
(社)日本音楽著作権協会